# NOUVELLE RELATION

## DE L'ITINÉRAIRE

# DE NAPOLÉON BUONAPARTE,

## DE FONTAINEBLEAU A L'ILE D'ELBE.

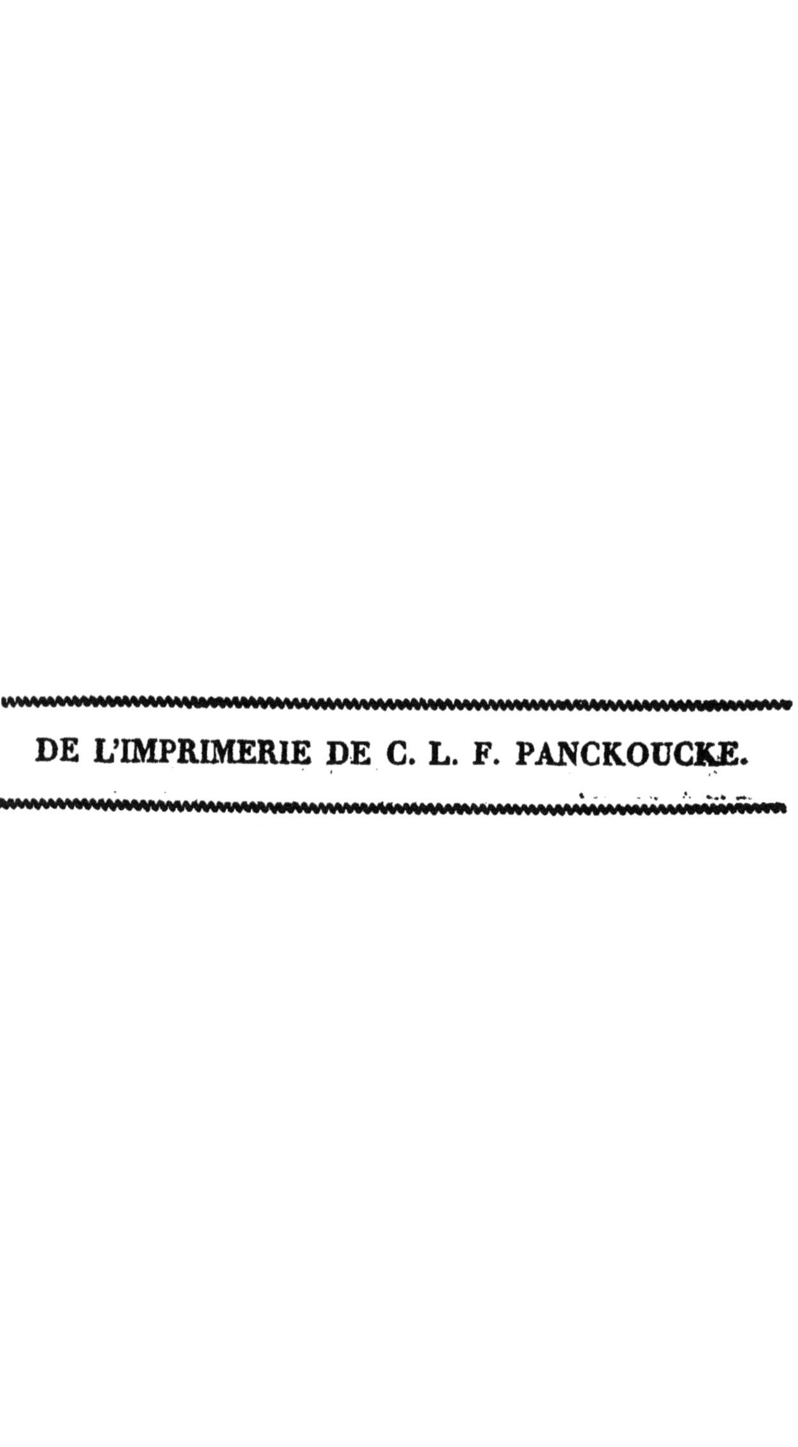

DE L'IMPRIMERIE DE C. L. F. PANCKOUCKE.

# NOUVELLE RELATION

## DE L'ITINÉRAIRE

# DE NAPOLÉON,

## DE FONTAINEBLEAU A L'ILE D'ELBE,

RÉDIGÉ

PAR LE COMTE

## DE WALDBOURG-TRUCHSESS,

COMMISSAIRE NOMMÉ, PAR S. M. LE ROI DE PRUSSE, POUR L'ACCOMPAGNER.

OUVRAGE TRADUIT DE L'ALLEMAND,

Sous les yeux de l'Auteur, et augmenté de plusieurs faits qui ne sont pas dans l'original.



PARIS,

Chez
- C. L. F. PANCKOUCKE, imprimeur-libraire, rue et hôtel Serpente, n. 16;
- LENORMAND, rue de Seine;
- DENTU, PETIT, DELAUNAY, PÉLISSIER, au Palais-Royal;
- PILLET, rue Christine, n°. 8;
- VERDIÈRES, quai des Augustins, n°. 27;
- Et tous les Marchands de nouveautés.

1815

# JOURNAL

## DU COMTE

## DE WALDBOURG-TRUCHSESS,

Commissaire nommé par S. M. le roi de Prusse, pour accompagner Napoléon Buonaparte.

---

LE 16 avril, j'arrivai le soir à Fontainebleau; le 17, je fis ma visite au grand-maréchal Bertrand, et au général Drouot, qui m'engagèrent à prendre un logement au château; ce que j'acceptai. Après la messe, les commissaires nommés pour accompagner S. M. l'Empereur des Français (1), eurent une audience particulière. Le général

(1) Il nous était particulièrement recommandé de lui donner le titre d'Empereur, et de lui rendre tous les honneurs dus à son rang.

Koller était envoyé pour l'Autriche, le général Schuwaloff pour la Russie, le colonel Campbell pour l'Angleterre, et moi pour la Prusse. Le major comte de Clam - Martiniz avait été adjoint au général Koller, en qualité de premier aide-de-camp.

Chacun de nous eut une audience particulière de Napoléon. Il nous reçut assez froidement; mais son mécontentement et son embarras furent extrêmes, lorsqu'on lui annonça un commissaire de la Prusse; car on ne peut douter que Bonaparte, dans ses plans, n'eût voulu faire disparaître cette couronne du nombre des puissances. Il me demanda s'il y avait des troupes prussiennes sur la route que nous avions à parcourir? Comme je lui répondis négativement, il ajouta : *mais en ce cas, vous ne deviez pas vous donner la peine de m'accompagner*. Je lui dis que ce n'était pas une peine, mais un honneur. Il persista dans son sentiment, et comme je lui assurai qu'il m'était impossible de me démettre de l'honorable commission dont S. M. avait bien voulu me charger, il ne me parla plus, et me fit très-mauvaise mine (1). Il accueillit le colonel Campbell ; il lui demanda avec intérêt des nouvelles de sa blessure, et à quelles batailles il avait reçu les ordres dont il était décoré ; et il prit occasion de là, pour parler de la campagne d'Espagne, en donnant les plus grands éloges à lord Wellington. Il s'informa, avec les plus petits détails, de son caractère et de ses habitudes ; demanda au colonel Campbell de quel pays il était ; et comme celui-ci répondit qu'il était né en Écosse, l'Empereur se mit à louer les poésies d'Ossian, et à vanter surtout l'esprit guerrier de cet ouvrage.

Ce jour même était fixé pour le départ ; mais Napoléon trouva un prétexte pour le différer, parce que, disait-il, il ne voulait pas suivre la route d'Auxerre, Lyon, Grenoble, Gap et Digne, mais celle de Briare, Roanne, Lyon,

---

(1) Il témoigna aussi son mécontentement au général Koller, d'être accompagné par un commissaire prussien ; et comme le général lui rappela que lui-même avait demandé des commissaires à toutes les puissances alliées, l'Empereur lui répliqua vivement : *Pourquoi ne m'en a-t-on pas envoyé aussi un de Baden, et un de Darmstadt ?*

Valence et Avignon. Le général Bertrand fut chargé de nous faire cette demande, et de la motiver sur ce que le chemin indiqué était trop mauvais pour les voitures et pour sa garde dont, suivant le traité, Napoléon devait être accompagné; et parceque, de plus, ses équipages, venus d'Orléans, s'étaient déjà dirigés sur Briare et l'y attendaient; il y devait changer de voiture, et trouver pour le voyage beaucoup de facilités, dont il était privé en ce moment.

Il nous fallut envoyer à Paris pour obtenir ce que l'Empereur demandait. Le général Caulaincourt (1) fut chargé de ce message : après avoir pris congé de S. M., il partit avec nos dépêches auprès des autorités françaises, afin d'obtenir un ordre direct pour le gouverneur de l'île d'Elbe, l'Empereur ne voulant pas courir le risque de n'être pas reçu en cette île. Nous eûmes, dans la nuit du 18 au 19, la permission de passer par où l'Empereur désirait, et l'ordre pour que le gou-

(1) Caulaincourt lui avait remis une somme de cinq cent mille francs qu'il avait touchée à Blois sur la liste civile.

verneur remît l'île. Cet ordre n'était pas aussi clair que S. M. l'aurait voulu. Elle craignait qu'on ne lui enlevât les moyens de défense qui existaient dans l'île; il fallut en conséquence envoyer de nouveau à Paris. Le général Koller assura à l'Empereur qu'on lui accordait tout ce qu'il demandait, et le départ fut enfin fixé pour le 20. Napoléon avait fait partir, pendant la nuit, près de cent voitures chargées de munitions de guerre, d'argent, de meubles, de bronzes, de tableaux, de statues, de livres, et peut-être était-ce là la vraie cause des retards qu'il avait suscités?

Le 19, l'Empereur fit venir le duc de Bassano; dans le cours de la conversation nous remarquâmes ces mots: *On vous reproche de m'avoir constamment empêché de faire la paix: qu'en dites-vous?* Le duc de Bassano lui répondit: « Votre » Majesté sait très-bien qu'elle ne m'a jamais con- » sulté, et qu'elle a toujours agi d'après sa propre » sagesse, sans prendre conseil des personnes qui » l'entouraient: je ne me suis donc pas trouvé dans » le cas de lui en donner, mais seulement d'obéir

» à ses ordres. » *Je le sais bien*, dit l'Empereur satisfait, *mais je vous en parle, pour vous faire connaître l'opinion qu'on a de vous.*

Les généraux Belliard, Ornano, Petit, Dejean et Korsakowsky, les colonels Montesquiou, Bussy, Delaplace, le chambellan de Turenne et le ministre Bassano, sont les personnes les plus marquantes qui restèrent auprès de l'Empereur jusqu'à son départ (1).

Les généraux Bertrand et Drouot furent les seuls qui l'accompagnèrent pour rester avec lui et partager son sort. Le général Lefebvre-Desnouettes alla l'attendre à Nevers, et ce fut là qu'il prit congé de lui.

Le mameluck Rustan, et son premier valet de

---

(1) Les généraux de division comte Dejean, fils de l'ex-ministre de l'administration de la guerre, et Montesquiou, fils du grand-chambellan, furent envoyés à Paris par Napoléon, un jour avant son départ. Le comte Dejean pouvait si peu cacher son chagrin sur l'état actuel des choses, qu'à table il se frappa plusieurs fois le front, en disant : *Ah mon Dieu, est-il possible !* Et quand on lui adressait la parole, il paraissait sortir de la plus profonde rêverie ; mais il répondait toujours avec une grande politesse.

chambre Constant, l'avaient abandonné déjà depuis deux jours, après avoir reçu de lui une somme considérable (*a* 1).

Le 20 avril, à dix heures du matin, toutes les voitures étaient prêtes dans la cour du château de Fontainebleau, lorsque l'Empereur fit venir le général Koller, et lui dit ces mots : *J'ai réfléchi sur ce qui me restait à faire, je me suis décidé à ne pas partir. Les alliés ne sont pas fidèles aux engagemens qu'ils ont pris avec moi ; je puis donc aussi révoquer mon abdication, qui n'était toujours que conditionnelle. Plus de mille adresses me sont parvenues cette nuit : l'on m'y conjure de reprendre les rênes du gouvernement. Je n'avais renoncé à tous mes droits à la couronne que pour épargner à la France les horreurs d'une guerre civile, n'ayant jamais eu d'autre but que sa gloire et son bonheur ; mais, connaissant aujourd'hui le mécontentement qu'inspirent les mesures prises par le nouveau gouver-*

(1) Voyez les notes à la fin.

*nement; voyant de quelle manière on remplit les promesses qui m'ont été faites, je puis expliquer maintenant à mes gardes quels sont les motifs qui me font révoquer mon abdication, et je verrai comment on m'arrachera le cœur de mes vieux soldats. Il est vrai que le nombre des troupes sur lesquelles je pourrai compter, n'excédera guère 30,000 hommes; mais il me sera facile de les porter en peu de jours jusqu'à 130,000. Sachez que je pourrai tout aussi bien, sans compromettre mon honneur, dire à mes gardes que, ne considérant que le repos et le bonheur de la patrie, je renonce à tous mes droits, et les exhorte à suivre, ainsi que moi, le vœu de la nation.*

Le général Koller, qui n'avait pas interrompu l'Empereur, se recueillit un moment, et lui dit que son sacrifice au repos de la patrie était une des plus belles choses qu'il eût faites; qu'il prouvait par là qu'il était capable de tout ce qui était grand et noble; et il le pria de lui dire en quoi les alliés avaient manqué au traité. *En ce que l'on empêche l'Impératrice de m'accompagner jusqu'à Saint-Tropez, comme il était convenu,* lui dit l'Empereur. « Je vous assure, reprit le » général, que S. M. n'est pas retenue, et que » c'est par sa propre volonté qu'elle s'est décidée » à ne pas vous accompagner. » *Eh bien, je veux bien rester encore fidèle à ma promesse; mais si j'ai de nouvelles raisons de me plaindre, je me verrai dégagé de tout ce que j'ai promis.*

Il était onze heures, et M. de Bussy, aide-de-camp de l'Empereur, vint lui dire que le grand-maréchal lui faisait annoncer que tout était prêt pour le départ. *Le grand-maréchal ne me connaît-il donc pas?* dit l'Empereur à l'aide-de-camp, *depuis quand dois-je me régler d'après sa montre? Je partirai quand je voudrai et peut-être pas du tout.* Le colonel Bussy sortit, et Napoléon, se promenant en long et en large dans la chambre, parla sans cesse des injustices qu'on lui faisait; il accusa l'Empereur d'Autriche d'être un homme sans religion, et de travailler tant qu'il pouvait au divorce de sa fille, au lieu de remplir son devoir, en maintenant la bonne intelligence parmi ses enfans. Il se plaignit aussi du manque de délicatesse de l'empereur de Russie à son égard, et dit qu'il était, lui seul, cause que l'Impératrice n'avait pas conservé la régence, et trouva ses visites à Rambouillet très-déplacées; accusa l'empereur Alexandre et le roi de Prusse d'y aller insulter à son malheur. Le général Koller s'efforça de lui prouver que ces deux souverains n'avaient eu d'autre intention que de prouver leurs égards à l'impératrice; mais Napoléon ne voulut se départir en rien de ses plaintes, relativement au roi de Prusse, contre lequel il laissait toujours percer sa haine. Il cherchait à convaincre le général Koller, que l'Autriche, par sa position politique actuelle envers la Russie et la Prusse, se trouvait beaucoup plus en danger qu'elle ne l'était auparavant avec la France, qui, par sa prépondérance, arrêtait la Russie dans ses plans de conquête; que le traité de Francfort était réellement avantageux pour l'Autriche, et que celui d'aujourd'hui, quoiqu'il donnât plus d'étendue à son territoire, l'exposait aux plus grands dangers avec ses ennemis naturels, la Russie et la Prusse, dont les cabinets ont toujours été connus par leur manque de foi et leurs projets astucieux, au lieu qu'avec lui, Napoléon, on pouvait certainement compter sur tout ce qu'il promettait. Il dit aussi que depuis la campagne de Russie il n'avait pas eu d'autre but que de conclure la paix telle que les alliés l'avaient proposée à Francfort; que le général Caulaincourt, qui avait sans doute eu de bonnes intentions, avait abusé de ses pleins-pouvoirs, en laissant espérer que le souverain de la France signerait jamais les conditions prescrites par les alliés à Châtillon, quoiqu'il eût renoncé, depuis quelque temps, à ses prétentions sur l'Allemagne et sur l'Italie. Le général Koller témoigna à l'Empereur son étonnement de ce qu'il n'avait pas fait la paix à Prague ou à Dresde, où on lui avait fait des propositions bien plus avantageuses qu'à Francfort. *Que voulez-vous*, répondit l'Empereur sans faire attention qu'il se contredisait, *j'ai eu tort; mais j'avais alors d'autres vues, parce que j'avais encore beau-*

*coup de ressources......* Puis, changeant tout à coup de discours ; *Mais, dites-moi, général, si je ne suis pas reçu à l'île d'Elbe, que me conseillez-vous de faire?* Le général pensa qu'il n'y avait aucun motif de craindre qu'il ne fût pas reçu ; que d'ailleurs, dans tous les cas, le chemin de l'Angleterre lui restait toujours ouvert. *C'est ce que j'ai pensé aussi; mais comme je leur ai voulu faire tant de mal, les Anglais m'en conserveront toujours du ressentiment.* — Comme vous n'avez pas exécuté vos plans d'anéantissement de l'Angleterre, dit le général, vous n'avez rien à redouter de cette puissance. Il fit encore observer à l'Empereur qu'il s'exposait à perdre tous les avantages qui lui étaient assurés par le traité du 11 avril, s'il continuait à faire difficulté de partir : alors Napoléon le congédia en lui disant : *Vous le savez, je n'ai jamais manqué à ma parole; ainsi je ne le ferai pas plus à présent* ; *à moins qu'on ne m'y force par de mauvais traitemens.* Plusieurs idées remarquables lui échappèrent dans cette conversation, nous citons celles qui paraissent le plus dignes d'attention. Il savait qu'on lui faisait un grand reproche de ne s'être pas donné la mort : *Je ne vois rien de grand à finir sa vie comme quelqu'un qui a perdu toute sa fortune au jeu. Il y a beaucoup plus de courage de survivre à son malheur non mérité. Je n'ai pas craint la mort, je l'ai prouvé dans plus d'un combat, et encore dernièrement à Arcis-sur-Aube où on m'a tué quatre chevaux sous moi* ( la vérité est qu'il n'a eu qu'un seul cheval légèrement blessé dans cette journée ). Il dit aussi : *Je n'ai pas de reproches à me faire ; je n'ai point été usurpateur, parce que je n'ai accepté la couronne que d'après le vœu unanime de toute la nation, tandis que Louis XVIII l'a usurpée, n'étant appelé au trône que par un vil sénat, dont plus de dix membres ont voté la mort de Louis XVI. Je n'ai jamais été la cause de la perte de qui que ce soit ; quant à la guerre, c'est différent ; mais j'ai dû la faire parce que la nation voulait que j'aggrandisse la France.*

Il congédia le général Koller et fit venir le colonel Campbell ; il lui parla beaucoup du plan qu'il avait de se mettre sous la protection des Anglais.

Il accorda ensuite des audiences très-courtes au général Schuwaloff et à moi ; il n'y parla que de choses indifférentes, et à midi il descendit dans la cour du château, où étaient rangés en ligne les grenadiers de sa garde. Il fut aussitôt entouré de tous les officiers et des soldats ; il prononça un discours avec tant de dignité et de chaleur, que tous ceux qui étaient présens en furent touchés (*b*). Ensuite il pressa le général Petit dans ses bras, embrassa l'aigle impériale, et dit, d'une voix entrecoupée : *Adieu, mes enfans ! mes vœux vous accompagneront toujours; conservez mon souvenir*. Il donna sa main à baiser aux officiers qui l'entouraient, et monta dans sa voiture avec le grand-maréchal.

Le général Drouot précédait, dans une voiture à quatre places, fermée ; immédiatement après était la voiture de l'Empereur ; ensuite le général Koller ; après lui le général Schuwaloff, puis le colonel Campbell, et enfin moi, chacun de nous dans sa calèche ; un aide-de-camp du général Schuwaloff venait derrière moi, et huit voitures de l'Empereur, avec tout son monde, terminaient notre cortége. Il fut accueilli partout aux cris de *vive l'Empereur !* et nous eûmes beaucoup à souffrir des injures que le peuple nous adressait.

Ce qui est très-remarquable, c'est que Napoléon exprimait toujours au général Koller ses regrets sur l'impertinence du peuple, tandis qu'il écoutait avec une joie maligne, et se plaisait à répéter les traits dirigés contre le commissaire du roi de Prusse. Il fut accompagné jusqu'à Briare par sa garde. Il partit la nuit de cet endroit; cinq de ses voitures prirent les devants, parce que le manque de chevaux nous força de voyager en deux convois.

L'Empereur se mit en route, avec ses quatre autres voitures, le 21 vers midi, après avoir eu encore, avec le général Koller, un long entretien dont voici le résumé : *Eh bien! vous avez entendu hier mon discours à la vieille garde; il vous a plu, et vous avez vu l'effet qu'il a produit. Voilà comme il faut parler et agir avec eux , et si Louis XVIII ne suit pas cet exemple, il ne fera jamais rien du soldat français.* Il loua beaucoup l'empereur Alexandre et la manière amicale avec laquelle il lui avait offert un asile en Russie : procédé qu'il avait, vainement disait-il, attendu de son beau-père avec plus de droit. Il dit ensuite qu'il ne pardonnerait jamais au roi de Prusse d'avoir donné, le premier, l'exemple de l'apostasie contre lui, et demanda comment on était parvenu à exaspérer ainsi la nation prussienne , nation à laquelle il rendait d'ailleurs toute espèce de justice. Il revint encore sur le danger que l'Autriche courait avec un semblable voisin, qui était lié d'intérêt avec la Russie, si étroitement, que ces deux états n'en formaient pour ainsi dire qu'un seul.

Il retint, ce jour là, le colonel Campbell à déjeûner , et lui parla beaucoup de la guerre d'Espagne , loua extrêmement la nation anglaise et le lord Wellington ; et ensuite il s'entretint, en la présence du lord et sans égard pour lui, avec le colonel Delaplace , son officier d'ordonnance , sur la dernière campagne.

*Sans cet animal de général*, dit-il, *qui m'a fait accroire que c'était Schwartzenberg qui me poursuivait à Saint-Dizier, tandis que ce n'était que Wintzingerode, et sans cette autre bête qui fut cause que je courus après à Troyes, où je comptais manger quarante mille Autrichiens et n'y trouvai pas un chat, j'eusse marché sur Paris; j'y serais arrivé avant les alliés, et je n'en serais pas où j'en suis; mais j'ai toujours été mal entouré : et puis ces flagorneurs de préfets qui m'assuraient que la levée en masse se faisait avec le plus grand succès; enfin, ce traître de Marmont qui a achevé la chose.... Mais il y a encore d'autres maréchaux tout aussi mal intentionnés, entre autres Suchet, que j'ai, au reste, toujours connu, lui et sa femme, pour des intrigans* (1).

Il parla encore longtemps des torts et de la mauvaise conduite du sénat envers lui et envers la France; accusa particulièrement le nouveau

(1) Toutes les paroles de Napoléon sont en français dans l'original.

gouvernement de ce qu'il n'employait pas la caisse, qu'on lui avait enlevée, pour payer l'armée, mais de ce que ce gouvernement considérait cet argent comme appartenant à la couronne, et se l'appropriait.

A quelque distance de Briare, nous rençontrâmes les équipages de cour de Napoléon, plusieurs voitures de munitions lourdement chargées, et des chevaux de selle, qui, d'après son ordre, devaient aller en avant, par Auxerre, Lyon et Grenoble, à Savonne, où ils devaient s'embarquer pour l'île d'Elbe. Il ne pouvait cependant pas se servir, dans ce pays, de ces équipages d'apparat qui n'étaient bons tout au plus qu'à montrer aux habitans comme objets de curiosité, les chemins y étant impraticables.

Ce jour nous allâmes jusqu'à Nevers; l'accueil qu'on nous fit en cet endroit fut le même qui nous avait été fait dans les villes précédentes; on jurait après nous, on nous adressait mille invectives jusque sous nos fenêtres, tandis qu'au contraire on ne se lassait pas de crier *vive l'Empereur!*

Le 22, à six heures du matin, nous partîmes.

Le major Klamm arriva de Paris, avec les ordres nouveaux des autorités françaises, pour le gouverneur de l'île d'Elbe, qui assuraient à l'Empereur la propriété de tout ce qui était rélatif à la défense militaire, de toute l'artillerie et de toutes les munitions de guerre qui se trouvaient dans cette île. Le comte Klamm se réunit au général Koller et continua le voyage avec nous. Les derniers détachemens de la garde, qui devaient accompagner l'Empereur, se trouvaient à Nevers, ils l'escortèrent encore jusqu'à Villeneuve-sur-Allier, et dès-lors Napoléon ne trouva plus que des corps kosaques et autrichiens destinés à l'escorter. Il refusa d'être accompagné par ces soldats étrangers pour n'avoir pas l'air d'un prisonnier d'état, et dit : *Vous voyez bien que je n'en ai aucunement besoin.* Il passa la nuit à Beaune, et partit, le 23, à 9 heures du matin.

Les cris de *vive l'Empereur* cessèrent dès que les troupes françaises ne furent plus avec nous. A Moulins, nous vîmes les premières cocardes blanches et les habitans nous reçurent aux acclamations de *vivent les alliés !* Le colonel Campbell partit de Lyon en avant, pour aller chercher à Toulon ou à Marseille une frégate anglaise qui pût, d'après le vœu de Napoléon, le conduire dans son île.

A Lyon, où nous passâmes vers les onze heures du soir, il s'assembla quelques groupes qui crièrent *vive Napoléon!* Le 24, vers midi, nous rencontrâmes le maréchal Augereau près de Valence. L'Empereur et le maréchal descendirent de voiture; Napoléon ôta son chapeau, et tendit les bras à Augereau qui l'embrassa, mais sans le saluer. *Où vas-tu comme-ça?* lui dit l'Empereur, en le prenant par le bras, *tu vas à la cour?* Augereau répondit que pour le moment il allait à Lyon : ils marchèrent près d'un quart d'heure ensemble, en suivant la route de Valence. Je sais de bonne source le résultat de cet entretien. L'Empereur fit au maréchal des reproches sur sa conduite envers lui et lui dit : *Ta proclamation est bien bête; pourquoi des injures contre moi? il fallait simplement dire : le vœu de la nation s'étant prononcé en faveur d'un nouveau souverain, le devoir de l'armée est de s'y conformer. Vive le Roi! vive*

*Louis XVIII* (c). Augereau alors se mit aussi à tutoyer Buonaparte, et lui fit à son tour d'amers reproches sur son insatiable ambition, à laquelle il avait tout sacrifié, même le bonheur de la France entière. Ce discours fatiguant Napoléon, il se tourna avec brusquerie du côté du maréchal, l'embrassa, lui ôta encore son chapeau, et se jeta dans sa voiture.

Augereau, les mains derrière le dos, ne dérangea pas sa casquette de dessus sa tête, et seulement, lorsque l'Empereur fut remonté dans sa voiture, il lui fit un geste méprisant de la main, en lui disant adieu. En s'en retournant, il adressa un salut très-gracieux aux commissaires.

L'Empereur, toujours fidèle à son amour pour la vérité, dit au général Koller, une heure après: *Je viens d'apprendre, à l'instant même, l'infâme proclamation d'Augereau; si je l'eusse connue, lorsque je l'ai rencontré, je lui aurais bien lavé la tête.*

Nous trouvâmes, à Valence, des troupes françaises du corps d'Augereau, qui avaient arboré la cocarde blanche, et qui cependant rendirent à l'Empereur tous les honneurs dus à son rang. Le mécontentement des soldats se manifesta visiblement lorsqu'ils nous virent à sa suite. Mais ce fut là son dernier triomphe, car, nulle part ailleurs, il n'entendit plus de *vivat*.

Le 25, nous arrivâmes à Orange ; nous fûmes reçus aux cris de *Vive le Roi! Vive Louis XVIII!*

Napoléon, jusque là, avait été d'une humeur très-gaie, et plaisantait souvent lui-même sur sa situation. Entre autres choses, il disait un jour aux commissaires, après avoir retracé avec beaucoup de franchise les différens degrés qu'il avait parcourus dans sa carrière, depuis vingt-cinq ans : *Au bout du compte, je n'y perds rien ; car j'ai commencé la partie avec un écu de six francs dans ma poche et j'en sors fort riche* (1).

Le même jour, le matin, l'Empereur trouva un peu en avant d'Avignon, à l'endroit où l'on devait changer de chevaux, beaucoup de peuple

---

(1) Cette anecdote n'est pas dans l'original, et a été communiquée au traducteur par le comte de Truchsess, ainsi que plusieurs autres faits.

rassemblé, qui l'attendait à son passage, et qui nous accueillit aux cris de *vive le Roi! Vivent les Alliés! A bas Nicolas! A bas le tyran, le coquin, le mauvais gueux!..* Cette multitude vomit encore contre lui mille invectives.

Nous fîmes tout ce que nous pûmes, pour arrêter ce scandale, et diviser la foule qui assaillait sa voiture; nous ne pûmes obtenir de ces forcenés qu'ils cessassent d'insulter l'homme qui, disaient-ils, les avait rendus si malheureux, et qui n'avait d'autre désir que d'augmenter encore leur misère. Enfin, d'après nos remontrances, ils se rendirent et crurent être très-modérés en ne lui faisant plus entendre que les cris de *Vivent les alliés, nos libérateurs, le généreux empereur de Russie, et le bon roi Fréderic Guillaume!* Ils voulurent même forcer le cocher de l'Empereur à crier *vive le Roi!* Il s'y refusa, et alors, un de ces hommes qui était armé, tira le sabre contre lui; heureusement on l'empêcha de frapper, et, les chevaux se trouvant alors attelés, on les fit partir au grand galop et si vîte que nous ne pûmes rejoindre l'Empereur qu'à un quart de lieue d'Avignon. Dans tous les endroits que nous traversâmes, il fut reçu de la même manière. A Orgon, petit village où nous changeâmes de chevaux, la rage du peuple était à son comble ; devant l'auberge même où il devait s'arrêter, on avait élevé une potence à laquelle était suspendu un mannequin, en uniforme français, couvert de sang, avec une inscription placée sur la poitrine et ainsi conçue : *Tel sera tôt ou tard le sort du tyran (d).*

Le peuple se cramponait à la voiture de Napoléon et cherchait à le voir pour lui adresser les plus fortes injures. L'Empereur se cachait derrière le général Bertrand le plus qu'il pouvait ; il était pâle et défait, ne disait pas un mot. A force de pérorer le peuple, nous parvînmes à le sortir de ce mauvais pas.

Le comte Schuwaloff, à côté de la voiture de Buonaparte, harangua la populace en ces termes : « N'avez-vous pas honte d'insulter « à un malheureux sans défense ? Il est assez « humilié par la triste situation où il se trouve,

« lui qui s'imaginait donner des lois à l'uni-
« vers et qui se voit aujourd'hui à la merci
« de votre générosité ! Abandonnez-le à lui-
« même ; regardez-le : vous voyez que le mé-
« pris est la seule arme que vous devez em-
« ployer contre cet homme, qui a cessé d'être
« dangereux. Il serait au dessous de la nation
« française d'en prendre une autre vengeance ! »
Le peuple applaudissait à ce discours, et Buonaparte, voyant l'effet qu'il produisait, faisait des signes d'approbation au comte Schuwaloff, et le remercia ensuite du service qu'il lui avait rendu.

A un quart de lieue en deçà d'Orgon, il crut indispensable la précaution de se déguiser : il mit une mauvaise redingotte bleue, un chapeau rond sur sa tête avec une cocarde blanche, et monta un cheval de poste pour galoper devant sa voiture, voulant passer ainsi pour un courier. Comme nous ne pouvions le suivre, nous arrivâmes à Saint-Canat, bien après lui. Ignorant les moyens qu'il avait pris pour se soustraire au peuple, nous le croyions dans le plus grand danger, car nous voyions sa voiture entourée de gens furieux qui cherchaient à ouvrir les portières: elles étaient heureusement bien fermées, ce qui sauva le général Bertrand. La tenacité des femmes nous étonna le plus; elles nous suppliaient de le leur livrer, disant : « Il l'a si bien mérité par ses torts envers » nous et envers vous-mêmes, que nous ne vous » demandons qu'une chose juste. »

A une demi-lieue de Saint-Canat, nous atteignîmes la voiture de l'Empereur, qui, bientôt après, entra dans une mauvaise auberge située sur la grande route, et appelée *la Calade*. Nous l'y suivîmes; et ce n'est qu'en cet endroit que nous apprîmes et le travestissement dont il s'était servi, et son arrivée dans cette auberge à la faveur de ce bizarre accoutrement; il n'avait été accompagné que d'un seul courrier; sa suite, depuis le général jusqu'au marmiton, était parée de cocardes blanches, dont ils paraissaient s'être approvisionnés à l'avance. Son valet de chambre qui vint au devant de nous, nous pria de faire passer l'Empereur pour le colonel Campbell, parce qu'en arrivant il s'était annoncé pour tel à l'hôtesse. Nous promîmes de nous conformer à ce désir, et j'entrai le premier dans une espèce de chambre, où nous fûmes frappés de trouver le ci-devant souverain du monde plongé dans de profondes réflexions, la tête appuyée dans ses mains.

Je ne le reconnus pas d'abord, et je m'approchai de lui. Il se leva en sursaut en entendant quelqu'un marcher, et me laissa voir son visage arrosé de larmes. Il me fit signe de ne rien dire, me fit asseoir près de lui, et tout le temps que l'hôtesse fut dans la chambre, il ne me parla que de choses indifférentes. Mais, lorsqu'elle sortit, il reprit sa première position. Je jugeai convenable de le laisser seul; il nous fit cependant prier de passer de temps en temps dans sa chambre pour ne pas faire soupçonner sa présence.

Nous lui fîmes savoir qu'on était instruit que le colonel Campbell avait passé la veille justement par cet endroit, pour se rendre à Toulon. Il résolut aussitôt de prendre le nom de lord Burghersh.

On se mit à table, mais comme ce n'étaient pas ses cuisiniers qui avaient préparé le dîner, il ne pouvait se résoudre à prendre aucune nourriture dans la crainte d'être empoisonné. Cependant nous voyant manger de bon appétit, il eut honte de nous faire voir les terreurs qui l'agitaient et prit de tout ce qu'on lui offrit ; il fit semblant d'y goûter, mais il renvoyait les mets sans y toucher ; quelquefois, il jetait dessous la table ce qu'il avait accepté pour faire croire qu'il l'avait mangé. Son dîner fut composé d'un peu de pain et d'un flacon de vin, qu'il fit retirer de sa voiture et qu'il partagea même avec nous.

Il parla beaucoup, et fut d'une amabilité très-remarquable avec nous. Lorsque nous fûmes seuls, et que l'hôtesse qui nous servait fut sortie, il nous fit connaître combien il croyait sa vie en danger ; il était persuadé que le gouvernement français avait pris des mesures pour le faire enlever ou assassiner dans cet endroit.

Mille projets se croisaient dans sa tête sur la manière dont il pourrait se sauver ; il rêvait aussi aux moyens de tromper le peuple d'Aix, car on l'avait prévenu qu'une très-grande foule l'attendait à la poste. Il nous déclara donc que ce qui lui semblait le plus convenable, c'était de retourner jusqu'à Lyon, et de prendre de-là une autre route pour s'embarquer en Italie. Nous n'aurions pu, en aucun cas, consentir à ce projet, et nous cherchâmes à le persuader de se rendre directement à Toulon ou d'aller par Digne à Fréjus. Nous tachâmes de le convaincre qu'il était impossible que le gouvernement français pût avoir des intentions si perfides à son égard, sans que nous en fussions instruits, et que la populace, malgré les indécences auxquelles elle se portait, ne se rendrait pas coupable d'un crime de cette nature.

Pour nous mieux persuader, et pour nous prouver jusqu'à quel point ses craintes, selon lui, étaient fondées, il nous raconta ce qui s'était passé entre lui et l'hôtesse, qui ne l'avait pas reconnu. « Eh! bien, lui avait-elle dit, avez-» vous rencontré Buonaparte? » *Non*, avait-il répondu. « Je suis curieuse, continua-t-elle, de » voir s'il pourra se sauver; je crois toujours » que le peuple va le massacrer : aussi faut-il » convenir qu'il l'a bien mérité, ce coquin-là!

» Dites-moi donc, on va l'embarquer pour son » île? — *Mais, oui.* — On le noyera, n'est- » ce pas? *Je l'espère bien!* lui répliqua Napo- » léon. » *Vous voyez donc*, ajouta-t-il, *à quel danger je suis exposé.*

Alors il recommença à nous fatiguer de ses inquiétudes et de ses irrésolutions. Il nous pria même d'examiner s'il n'y avait pas quelque part une porte cachée par laquelle il pourrait s'échapper, ou si la fenêtre dont il avait fait fermer les volets en arrivant, n'était pas trop élevée pour pouvoir sauter et s'évader ainsi.

La fenêtre était grillée en dehors, et je le mis dans un embarras extrême en lui communiquant cette découverte. Au moindre bruit il tressaillait et changeait de couleur.

Après dîner nous le laissâmes à ses réflexions, et comme, de temps en temps, nous entrions dans sa chambre, d'après le désir qu'il en avait témoigné, nous le trouvions toujours en pleurs.

Il s'était rassemblé dans cette auberge beaucoup de personnes : la plupart étaient venues d'Aix, soupçonnant que notre long séjour était occasionné par la présence de l'Empereur Napoléon. Nous tâchions de leur faire accroire qu'il avait pris les devants; mais elles ne voulaient pas ajouter foi à nos discours. Elles nous assuraient qu'elles ne voulaient pas lui faire de mal, mais seulement le contempler, pour voir quel effet produisait sur lui le malheur; qu'elles lui feraient tout au plus, de vive voix, quelques reproches, ou qu'elles lui diraient la vérité qu'il avait si rarement entendue.

Nous fîmes tout ce que nous pûmes pour les détourner de ce dessein, et nous parvînmes à les calmer. Un individu, qui nous parut un homme de marque, s'offrit de faire maintenir l'ordre et la tranquillité à Aix, si nous voulions le charger d'une lettre pour le maire de cette ville. Le général Koller communiqua cette proposition à l'Empereur qui l'accueillit avec plaisir. Cette personne fut donc envoyée avec une lettre auprès du magistrat. Il revint avec l'assurance que les bonnes dispositions du maire empêcheraient tout tumulte d'avoir lieu.

L'aide-de-camp du général Schuwaloff vint

dire que le peuple qui était ameuté dans la rue était presqu'entièrement retiré. L'Empereur résolut de partir à minuit.

Par une prévoyance exagérée, il prit encore de nouveaux moyens, pour n'être pas reconnu.

Par ses instances, il contraignit l'aide-de-camp du général Schuwaloff de se vêtir de la redingotte bleue et du chapeau rond, avec lesquels il était arrivé dans l'auberge, afin sans doute, qu'en cas de nécessité, l'aide-de-camp fût insulté, ou même assassiné à sa place (1).

Buonaparte, qui alors voulut se faire passer pour un colonel autrichien, mit l'uniforme du général Koller, se décora de l'ordre de Sainte-Thérèse, que portait le général, mit ma casquette de voyage sur sa tête, et se couvrit du manteau du général Schuwaloff.

---

(1) Comme il n'est arrivé aucun mal à l'aide-de-camp qui jouait le rôle de Buonaparte, il est suffisamment prouvé que Napoléon n'avait plus rien à craindre et que son déguisement n'était nullement nécessaire ; il ne servit réellement qu'à le rendre ridicule et méprisable.

Après que les commissaires des puissances alliées l'eurent ainsi équipé, les voitures avancèrent; mais, avant de descendre, nous fîmes une répétition, dans notre chambre, de l'ordre dans lequel nous devions marcher. Le général Drouot ouvrait le cortège; venait ensuite le soi-disant empereur, l'aide-de-camp du général Schuwaloff, ensuite le général Koller, l'Empereur, le général Schuwaloff et moi, qui avais l'honneur de faire partie de l'arrière-garde, à laquelle se joignit la suite de l'Empereur.

Nous traversâmes ainsi la foule ébahie qui se donnait une peine extrême pour tâcher de découvrir parmi nous celui qu'elle appelait *son tyran*.

L'aide-de-camp de Schuwaloff (le major Olewieff) prit la place de Napoléon dans sa voiture, et Napoléon partit avec le général Koller dans sa calèche.

Quelques gendarmes dépêchés à Aix par ordre du maire, dissipèrent le peuple qui cherchait à nous entourer, et notre voyage se continua fort paisiblement.

Une circonstance que je voudrais omettre, mais que ma qualité d'historien ne me permet pas de passer sous silence, c'est que notre intimité avec l'Empereur auprès duquel nous étions sans cesse dans la même chambre, nous fit découvrir qu'il était attaqué d'une maladie galante ; il s'en cachait si peu, qu'il employait en notre présence les remèdes nécessaires ; et nous apprîmes de son médecin, que nous questionnâmes, qu'il en avait été attaqué à son dernier voyage à Paris.

Partout nous trouvâmes des rassemblemens qui nous recevaient aux cris les plus vifs de *vive le Roi!* On vociférait aussi des injures contre Napoléon, mais il n'y eut aucune tentative inquiétante.

Toutefois l'Empereur ne se rassurait pas, il restait toujours dans la calèche du général autrichien, et il commanda au cocher de fumer, afin que cette familiarité pût dissimuler sa présence. Il pria même le général Koller de chanter, et comme celui-ci lui répondit, qu'il ne savait pas chanter, Buonaparte lui dit de siffler.

C'est ainsi qu'il poursuivit sa route, caché dans un des coins de la calèche, faisant semblant de dormir, bercé par l'agréable musique du général et encensé par la fumée du cocher.

En pleine campagne, il recommença à causer avec le général et l'entretint du nouveau plan qu'il avait formé : c'était de déposséder le roi de Naples actuel, de replacer la véritable dynastie sur le trône, de faire du roi de Sardaigne le roi d'Italie, et d'aller s'établir lui-même dans l'île de Sardaigne; puis tout-à-coup, abandonnant cette idée, *Non*, dit-il, *je renonce maintenant tout-à-fait au monde politique, et ne m'intéresse plus à tout ce qui peut arriver.* Et alors il s'étendit beaucoup sur la manière tranquille dont il voulait couler ses jours, et dit qu'à Porto-Ferrajo il voulait vivre heureux, en ne s'occupant plus que des sciences. Il ajouta même, que si on lui offrait la couronne de l'Europe, il la refuserait. *Je n'ai jamais estimé les hommes*, dit-il, *et je les ai toujours traités comme ils le méritent; mais cependant les procédés des Français envers moi sont d'une si grande in-*

*gratitude, que je suis entièrement dégoûté de l'ambition de vouloir gouverner* (1).

A Saint-Maximin il déjeûna avec nous. Comme il entendit dire que le sous-préfet d'Aix était en cet endroit, il le fit appeler, et l'apostropha en ces termes : *Vous devez rougir de me voir en uniforme autrichien, j'ai dû le prendre pour me mettre à l'abri des insultes des Provençaux. J'arrivais avec pleine confiance au milieu de vous, tandis que j'aurais pu emmener avec moi six mille hommes de ma garde. Je ne trouve ici que des tas d'enragés qui menacent ma vie. C'est une méchante race que les Provençaux : ils ont commis toutes sortes d'horreurs et de crimes dans la révolution et sont tout prêts à recommencer : mais quand il s'agit de se battre avec courage, alors ce sont*

---

(1) Il paraît certain qu'il avait quelques plans qu'il voulait exécuter à l'aide du vice-roi d'Italie. Ce qui le prouve, c'est une lettre qui a été trouvée et dont voici un passage : « Je vous écrirai d'Elbe, je vous ferai part » de mes projets futurs ; jusque là, je vous prie, tenez- » vous bien tranquille. »

*des lâches : jamais la Provence ne m'a fourni un seul régiment, dont j'aurais pu être content. Mais ils seront peut-être demain aussi acharnés contre Louis XVIII, qu'ils le paraissent aujourd'hui contre moi ; ils croyent qu'ils n'auront plus rien à payer ; et quand ils verront que les contributions ne changeront que de nom, ils seront tout aussi enclins à la révolte que dans l'année* 1790. — *Vous n'avez donc pas pu contenir cette populace ?* — Le préfet ne sachant comment répondre, ni s'il devait s'excuser devant nous, se contenta de lui dire : « J'en suis tout confus, Sire. » L'Empereur lui demanda ensuite si les droits réunis étaient déjà abolis, et si la levée en masse aurait été difficile à opérer ? « Une levée en masse ! Sire, répliqua le préfet, je n'ai jamais pu réunir la moitié du contingent qu'on devait fournir pour la conscription. Napoléon recommença alors ses invectives contre les Provençaux et congédia le préfet.

Ensuite, se tournant vers nous, il nous dit que Louis XVIII ne ferait jamais rien de la nation française, s'il la traitait avec trop de ménagement. *Puis*, continua-t-il, *il faut nécessairement qu'il lève des impôts considérables, et ces mesures lui attireront aussitôt la haine de ses sujets.*

Il nous raconta qu'il y avait dix-huit ans qu'il avait été envoyé en ce pays, avec plusieurs milliers d'hommes, pour délivrer deux royalistes qui devaient être pendus, pour avoir porté la cocarde blanche. *Je les sauvai avec beaucoup de peine des mains de ces enragés ; et aujourd'hui*, continua-t-il, *ces hommes recommenceraient les mêmes excès contre celui d'entre eux qui se refuserait à porter la cocarde blanche ! Telle est l'inconstance du peuple français !*

Nous apprîmes qu'il y avait au Luc deux escadrons de hussards autrichiens ; et, d'après la demande de Napoléon, nous envoyâmes l'ordre au commandant d'y attendre notre arrivée pour escorter l'Empereur jusqu'à Fréjus. Cette précaution le tranquillisa singulièrement ; mais malgré cela il garda toujours le plus strict incognito.

Il fut surtout très-content de ce que le général

Koller consentit à passer pour lui dans une conversation que ce général eut avec un officier corse au service de France. Il lui fit plusieurs questions, que Buonaparte lui soufflait dans l'oreille, et l'officier fut persuadé que c'était à l'Empereur lui-même qu'il parlait; car il ne pouvait concevoir qu'un général autrichien, quelque instruit qu'il fût, pût avoir des notions aussi justes sur l'île de Corse. Napoléon, voyant son erreur, pria le général de ne pas le désabuser.

Nous arrivâmes après le dîner dans la maison de M. Charles, législateur. Cette campagne est située près de Luc; la princesse Pauline Borghèse, sœur de l'Empereur, y séjournait depuis quelque temps. Elle frissonna au récit des dangers que son frère avait courus dans son voyage, et ne pouvait croire aux déguisemens qu'il avait été obligé d'employer. Dès ce moment, elle résolut de l'accompagner à l'île d'Elbe et de ne plus l'abandonner.

Elle avait eu d'abord beaucoup de peine à se persuader les grands événemens qui venaient d'avoir lieu, et enfin lorsqu'il lui fut impossible de se refuser à leur authenticité, elle s'écria : « Mais, en ce cas, mon frère est mort? » On la convainquit que l'Empereur se portait bien, qu'on lui avait assuré un très-beau traitement, et qu'il était en route pour se rendre à sa nouvelle destination. « Comment, dit-elle, il a pu sur-« vivre à tout cela? C'est-là la plus mauvaise des « nouvelles que vous venez de me donner ». Elle tomba alors sans connaissance, et ne revint à elle que beaucoup plus souffrante qu'elle ne l'était ordinairement : l'entrevue qu'elle eut ce jour même avec son frère, augmenta encore son état de mauvaise santé.

Elle partit le soir pour Muy, afin de n'avoir le jour suivant que deux lieues à faire pour se rendre à Fréjus. Avant de partir, elle nous fit prier de venir chez elle. Nous lui fûmes présentés par le général Bertrand ; elle nous entretint avec la grâce qui lui est connue, puis elle nous quitta en disant qu'elle espérait nous voir le lendemain à Fréjus (1).

---

(1) Elle a exprimé combien elle avait eu de plaisir à

Nous y arrivâmes effectivement le 27, sans aucun encombre. Les hussards autrichiens qui nous avaient escortés, depuis cet endroit jusqu'à Fréjus, continuèrent le service auprès de l'Empereur. Dès qu'il se vit ainsi entouré de troupes, il reprit quelque courage, remit son uniforme et se replaça dans sa voiture. Ses équipages étaient aussi arrivés, non sans peine, un jour plus tôt que nous à Fréjus. Ils avaient traversé la ville d'Avignon le dimanche 24 avril. Ceux qui les conduisaient n'avaient pu échapper au danger d'être pillés qu'en cachant tout ce qui pouvait faire soupçonner qu'ils étaient de la suite de Napoléon : ils ôtèrent leurs habits de livrée, mirent des cocardes blanches, et jetèrent de l'argent au peuple, en criant, comme lui : *Vive le Roi ! vive Louis XVIII ! à bas l'Empereur ! à bas Nicolas !* On avait trouvé le moyen d'a-

---

rencontrer ici son frère, parce qu'elle l'avait empêché d'exécuter un projet dont il était imbu, et qui sans doute l'aurait précipité dans l'abîme. Ce projet était peut-être relatif à la lettre dont nous avons parlé plus haut.

vertir l'Empereur de cette scène, et c'est pourquoi il avait pris tant de précautions.

Plusieurs personnes de sa suite l'avaient quitté au Luc, et il est probable que c'est l'une de ces personnes, qui trouva bon de s'approprier la cassette du maître d'hôtel de l'Empereur, qui était chargé des dépenses du voyage, et auquel il restait à peu près soixante mille francs. Ce vol se fit dans la nuit du 26 au 27.

Nous trouvâmes à Fréjus le colonel Campbell, qui était arrivé de Marseille avec la frégate anglaise *the Undounted* (l'Indompté). Ce bâtiment était commandé par le capitaine Asher, et était destiné à escorter l'Empereur, pour garantir son vaisseau de toute espèce d'attaque. Selon le traité, Buonaparte devait être conduit dans une corvette, et il fut très-mécontent de ne trouver que le brick nommé l'*Inconstant*, qui devait recevoir son souverain détrôné et lui rester en toute propriété.

Après mille indécisions, nous le vîmes avec plaisir se résoudre enfin à s'embarquer sur une frégate anglaise, et à ne faire aucun usage du brick qui lui était destiné. *Si le gouvernement*, dit-il, *eût su ce qu'il se doit à lui-même, il m'aurait envoyé un bâtiment à trois ponts, et non pas un vieux brick pourri* (1), *à bord duquel il serait au-dessous de ma dignité de monter*.

Le capitaine français, scandalisé de peu de cas que l'Empereur faisait de son bâtiment, repartit sur le champ pour Toulon.

L'Empereur n'invita à dîner que les commissaires, le comte Clamm et le capitaine du vaisseau anglais Asher. Il reprit alors toute la dignité impériale; il s'entretint beaucoup avec le capitaine Asher; et, comme celui-ci ne parlait pas très-facilement français, Campbell leur servit d'interprète. Il nous parla avec une rare franchise des plans d'agrandissement qu'il avait encore pour la France, à nos propres dépens;

---

(1) Ce brick n'était nullement en mauvais état : j'appris, à mon passage à Toulon, qu'il ne s'était point trouvé, dans le port, de corvette lorsque l'ordre du gouvernement arriva, et que celle qui lui était destinée l'attendait à Saint-Tropez.

il nous expliqua comment il voulait faire de Hambourg un second Anvers, et rendre le port de Cuxhaven semblable à celui de Cherbourg : il voulut aussi nous faire connaître ce que personne n'avait encore remarqué, c'est que l'Elbe avait la même profondeur que l'Escaut, et qu'on pouvait construire à son embouchure un port semblable à celui dont il avait enrichi la Belgique. Il avait aussi le projet tout formé de faire dans ses états une conscription pour la marine, de même que celle qui avait lieu pour les armées de terre. *Et,* dit-il, *si j'avais employé les moyens dont je me suis servi sur le Continent, contre l'Angleterre, je l'aurais renversée en deux ans de temps. Car*, disait-il, *c'était-là mon unique but. Dans la position où je me trouve maintenant, je puis bien parler de tout cela, puisqu'il m'est impossible de rien exécuter.* Il s'exprimait avec tant de passion et de vivacité en parlant de ses flottes de Toulon, de Brest et d'Anvers, de son armée de Hambourg et des mortiers qui se trouvaient à Hyères, avec lesquels il pouvait jeter des bombes à trois mille pas, que l'on eût cru que tout cela lui appartenait encore.

Après le dîner, il prit congé du général Schuwaloff et de moi; il nous remercia des soins que nous lui avions donnés pendant son voyage, et parla ensuite avec beaucoup de mépris du gouvernement français. Il se plaignit surtout au général Koller des injustices dont on l'accablait; de ce qu'on ne lui avait laissé qu'un seul service en argent, que six douzaines de chemises, et qu'on lui avait retenu le reste de son linge et de son argenterie, ainsi qu'une quantité de meubles et de choses qu'il avait acquises de son propre argent, et de ce qu'on ne voulait pas reconnaître son droit exclusif sur le *régent*, qu'il avait retiré de Berlin avec ses propres fonds, moyennant quatre millions. Ce diamant avait été en effet mis en gage pour 400,000 écus, chez les juifs de Berlin par le gouvernement français. Il pria le général de porter sa plainte à son Empereur et à celui de Russie, espérant qu'avec l'aide de ces princes, justice lui serait rendue.

Ce même soir, nous écrivîmes encore deux

fois au gouverneur français de l'île d'Elbe, pour obtenir de lui qu'il se rendît aux ordres qu'on lui envoyait, et pour qu'il livrât la place sans difficultés à Napoléon.

Le 28 au matin, l'Empereur aurait voulu partir et faire embarquer ses équipages; mais il se trouva incommodé, et partit seulement à neuf heures du soir, après avoir encore demandé à parler, au général Schuwaloff et à moi. Comme le général avait déjà pris les devants pour se rendre au port un des premiers, l'Empereur ne prit congé que de moi seul; il me remercia encore une fois des attentions particulières que j'avais eues pour lui, mais ne me dit pas un mot pour le roi de Prusse. Le général Schuwaloff se rendit à bord de la frégate, comme Napoléon y était déjà, et l'Empereur le chargea de présenter ses hommages à l'empereur Alexandre.

Les hussards autrichiens l'accompagnèrent jusqu'au port de Saint-Raphau, le même où il avait abordé, quatorze ans auparavant, à son retour d'Egypte. Il fut reçu avec les honneurs militaires, et vingt-quatre coups de canon furent tirés (1).

Deux heures après, la frégate cingla. Le général Koller, le colonel Campbell, le comte Clamm et l'aide-de-camp du général Koller, accompagnèrent l'Empereur jusqu'à l'île d'Elbe. Sa suite se composait des généraux Bertrand et Drouot, le major polonais Ferzmanofsky, deux fouriers du palais, un officier payeur, M. Peyruche; un médecin, M. Fourrau; deux sécrétaires, un maître d'hôtel, un valet de chambre, deux cuisiniers et six domestiques.

Le général Bertrand ne put cacher combien le sacrifice lui coûtait, et ne dissimula pas qu'il ne le faisait que pour remplir son devoir envers l'Empereur

Le général Drouot, au contraire, montra cons-

---

(1) Ces coups de canon ne furent pas tirés pour lui, mais douze en l'honneur du feld-maréchal-lieutenant baron Koller, et douze pour le général comte Schuwaloff. On laissa Buonaparte dans son erreur, afin qu'il ne fît pas de nouvelles difficultés pour s'embarquer s'il connaissait l'intention du capitaine Asher de le recevoir comme simple particulier et non comme empereur.

tamment le même courage et la même gaîté. On m'a assuré que l'Empereur avait voulu lui donner cent mille francs, et qu'il les avait refusés, en lui disant que s'il acceptait de l'argent de lui, on n'attribuerait alors son sincère dévouement qu'à un vil intérêt. Le reste de son monde ne paraissait le suivre que pour conserver son traitement.

Le général Schuwaloff et moi partîmes, la même nuit, de Fréjus, et je revins directement à Paris par Toulon et Marseille.

# SUITE
# DE L'ITINERAIRE
# DE NAPOLEON;

## D'après le récit que m'a fait, lui-même, le général Koller.

LE général Koller et le colonel Campbell, qui avaient la mission d'accompagner Napoléon jusqu'à l'île d'Elbé, eurent l'occasion de considérer de plus près cet homme extraordinaire. Pendant les cinq jours qu'ils furent obligés de passer sur mer, parce que les vents contraires, les orages, et les calmes dont ils furent surpris, les empêchèrent d'arriver plutôt, Napoléon fut toujours de bonne humeur, d'une prévenance et d'une politesse parfaites. Il témoignait cependant une grande impatience d'arriver au lieu de sa destination. Les deux commissaires, le capitaine Asher, le comte Klamm et le lieutenant de vaisseau anglais Smith, furent tous les jours admis à sa table ; mais il accorda toujours une préférence marquée au général Koller. Il lui témoignait combien tout ce qui s'était passé dans les derniers jours de son voyage lui faisait de peine. *Quant à vous, mon cher général*, lui dit-il, *je me suis montré cul-nu ; mais, dites-moi franchement, si vous ne croyez pas aussi que toutes ces scènes scandaleuses aient été sourdement excitées par le gouvernement français* (1) ? Le général l'assura qu'il était bien éloigné de partager cette pensée, et que le gouvernement français ne se serait sans doute pas permis une conduite si contraire aux intentions des puissances alliées. L'Empereur manifestait cependant toujours l'inquiétude de n'être pas reçu à l'île d'Elbe.

Le 3 mai, lorsqu'on aperçut l'île, le général Drouot, le comte Clamm et le lieutenant Smith furent envoyés en parlementaires ; le premier,

---

(1) Toutes les paroles de l'Empereur sont en français dans l'original.

mier, en qualité de commissaire de l'Empereur, les deux autres étaient chargés de l'ordre du gouvernement français, et d'un certificat signé par nous, pour inviter le général Dalesme, gouverneur d'Elbe, de remettre le commandement, la possession de l'île, de tous ses forts et munitions de guerre au général Drouot, plénipotentiaire de l'Empereur.

Les députés trouvèrent les Elbois dans une anarchie complette. A Porto-Ferrajo flottait le drapeau blanc, à Porto-Lungone l'étendard aux trois couleurs; le reste de l'île voulait proclamer son indépendance. Lorsque la nouvelle de l'arrivée de Buonaparte se répandit, et surtout celle des trésors qu'il apportait, tous les partis se réunirent, pour venir audevant de leur nouveau maître.

Le général Drouot reçut du gouverneur les clefs de la ville, le fort, tout ce qu'il contenait d'artillerie, et trois cent-vingt-cinq canons qui en faisaient partie: tout fut remis sans difficultés (*e*).

Après que le nouveau drapeau impérial fut posé sur les tours de Porto-Ferrajo, le comte Clamm et le lieutenant Smith retournèrent à bord de l'*Indompté*, pour apprendre à l'Empereur l'issue de leur mission. Déjà le capitaine Asher avait salué, à son arrivée, la garnison de Porto-Ferrajo des coups de canon d'usage, la garnison y avait répondu : politesse que Napoléon s'attribua encore faussement. Mais lorsque le général Drouot fut gouverneur, il donna l'ordre de tirer cent coups de canon qui furent alors bien certainement tirés en l'honneur de l'Empereur.

Lorsque Buonaparte mit pied à terre, la municipalité et les corps de l'état vinrent le recevoir et le haranguer. Napoléon leur répondit à peu près en ces termes : *La douceur de votre climat, les sites romantiques de votre île m'ont décidé à la choisir, entre tous mes vastes états, pour mon séjour ; j'espère que vous saurez apprécier cette préférence, et que vous m'aimerez comme des enfans soumis ; aussi me trouverez-vous toujours disposé à avoir pour vous toute la sollicitude d'un père.*

Trois violons, et deux basses, qui avaient accompagné la députation, surprirent ce tendre père de leurs sons hármonieux. On le conduisit, sous un dais orné de papier doré et de vieux morceaux d'écarlate, dans le lieu de sa résidence. C'était à l'Hôtel-de-Ville qu'il devait loger. On avait orné la salle qui servait ordinairement pour les bals publics avec quelques petits tableaux, des candelabres en glaces, et un trône impérial avait été élevé à la hâte et paré aussi de beaucoup de papier d'or et de morceaux écarlates. La musique de la chapelle l'accompagna jusque-là et fit retentir des sons si touchans, que le Prince, tout ému, demanda bien vîte à être conduit dans son appartement. Il le trouva si misérablement meublé qu'il prit des arrangemens avec le général Koller sur les moyens de faire venir de Lucques et Piombino le mobilier de sa sœur Eliza. Le général écrivit à la grande-duchesse de Toscane qui envoya aussitôt ce qui lui était demandé sur de petits bâtimens : c'est ce qui a donné lieu au faux bruit qui a couru que Napoléon s'était emparé d'un vaisseau appartenant à son beau-frère, l'avait confisqué et déclaré de bonne prise.

Aussitôt après son arrivée, l'Empereur visita les fortifications, et assura d'un air de contentement que moyennant les améliorations qu'il méditait, il pourrait se défendre contre toute espèce de tentative de la part des habitans du continent.

Le général Koller resta dix jours à l'île d'Elbe et gagna de plus en plus la confiance de l'Empereur, qui n'entreprenait absolument rien sans le consulter. Il lui confia un jour que, dans l'espace de vingt-quatre heures, il aurait à ses ordres plus de trois à quatre mille hommes, parce qu'il avait fait une proclamation à la garnison française qui se trouvait dans l'île, que ceux qui voudraient prendre du service seraient à sa solde, et qu'il avait appris que l'affluence était si grande que plusieurs milliers s'étaient déjà proposés. Koller blâma ouvertement cette mesure, qui naturellement devait jeter une grande défiance sur ses projets pacifiques. *Qu'est-ce que cela me fait*, répartit Napoléon ? *j'ai examiné les fortifications, et je défie qu'on puisse m'attaquer ici avec le moindre succès.* « Je le crois, reprit » le général; mais je crois aussi que le gouver- » nement français saisirait bien vîte ce prétexte » pour ne pas vous payer la pension convenue. »

*Croyez-vous*, interrompit brusquement l'Empereur ? *diable, cela ne m'arrangerait pas du tout. Mais que faire à présent ?* « Il faut, dit » le général, publier une nouvelle proclamation » où vous déclarerez que cette invitation ne de» vait s'appliquer qu'aux soldats Elbois qui ser» vaient la France et qui désireraient rester dans » leur pays natal. » Aussitôt l'Empereur adopta ce conseil, et remercia beaucoup ce général, qui l'avait déjà habitué à s'entendre dire patiemment qu'il avait tort. Dès les premiers jours du voyage de Fontainebleau, il lui avait dit en plusieurs circonstances « Votre Majesté a tort ». Napoléon peu accoutumé à cette franchise, lui avait répondu avec vivacité : *Vous me dites toujours que j'ai tort, et continuellement que j'ai tort ; parlez-vous donc aussi comme cela à votre Empereur ?* Le général l'assura que son Empereur serait très-fâché contre lui, s'il soupçonnait qu'il ne lui dit pas toujours bien franchement sa façon de penser. *En ce cas*, reprit l'Empereur radouci, *votre maître est bien mieux servi que je ne l'ai jamais été.*

Napoléon s'occupait sans relâche et avec une activité incroyable : tantôt il allait visiter les petites îles voisines de l'île d'Elbe. Pianosa, l'une d'elles et la plus remarquable, est embellie par la végétation la plus riche ; des sites tout à fait romantiques et beaucoup de chevaux sauvages animent cette délicieuse contrée. D'autres fois, il parcourait l'île à cheval dans tous les sens. Le général Koller l'accompagna constamment. L'Empereur lui contait tous ses projets d'embellissement pour Porto-Ferrajo. Il voulait faire construire un palais, et y fonder plusieurs institutions libérales. Tous ses plans sont vastes, et s'il vient à bout de les exécuter, sa présence sera un grand bienfait pour ce pays, dont il doublera certainement la population. Elle s'évalue en ce moment à douze mille personnes ; mais l'étendue et la richesse du pays suffiraient pour en nourrir trente mille. Les mines de fer, d'aimant, de sel, la pêche du thon offrent des sources de richesses considérables et rapportaient au gouvernement 600,000 fr. Avec les plans que l'Empereur a formés, s'il a le temps et la force de les exécuter, je ne doute pas qu'il ne vienne à bout de doubler le produit.

Pour gagner l'affection des Elbois, il leur fit donner, le second jour de son arrivée, soixante mille francs pour faire des routes dont les projets existaient depuis long-temps, mais qui n'avaient pu être effectués faute d'argent.

Il avait fait changer cette somme, qu'il possédait en or, en pièces d'argent, afin que cela fit beaucoup plus d'effet lorsque ses gens transporteraient, à travers les rues, ces sacs du château à la Maison-de-Ville.

Cet artifice eut tout le succès qu'il en attendait, on ne parla plus d'autre chose que de ses immenses trésors et de sa grande libéralité.

La pêche du thon avait été, jusqu'à son arrivée, affermée à un riche Gênois, qui, pour faciliter son commerce, avait fait bâtir une maison à Porto-Ferrajo; comme cette maison gênait Buonaparte dans ses projets d'embellissemens, il la fit jeter bas, sans autre forme de procès, et sans vouloir seulement en parler au propriétaire; celui-ci poussa les hauts cris et s'éleva fortement contre l'injustice de ce procédé. Alors l'Empereur lui fit savoir que, malgré le bail qui existait, son intention était d'affermer de nouveau la pêche au plus offrant, et qu'il voulait avoir vingt mille francs de plus qu'elle ne rapportait par an. Le malheureux entrepreneur fut si effrayé, qu'il fit dire à l'Empereur qu'il paierait tout ce qu'il voudrait et qu'il ne serait plus question de la maison abattue. Napoléon se laissa pourtant un peu attendrir, lui rabattit quelque chose des vingt mille francs, et le Génois éleva jusqu'aux nues la générosité impériale.

Buonaparte conclut un traité de commerce avec Livourne, et lorsque le général Koller le quitta, il le chargea de dépêches pour Gênes, afin de négocier un semblable traité, qui eut lieu effectivement. L'Empereur lui fit des adieux affectueux, et le pria de venir bientôt le revoir.

---

Pendant mon voyage de Toulon à Paris, je me convainquis à quel point tout le pays était irrité contre Buonaparte. Si nous avions été obligés d'y passer, je doute fort que nous eussions pu le sauver de la rage du peuple. On m'assura que cette manière de voir était la même dans tout le Languedoc, la Guyenne, la Gascogne, et particulièrement à Toulouse, à Nîmes et à Montpellier.

Je fus reçu à Toulon par le maréchal Masséna, avec la plus grande politesse. Il me dit combien il était charmé du renversement de Buonaparte, et il me fit même connaître le sujet de la haine qu'il lui avait vouée : et pour nous prouver la manière indigne dont l'ex-Empereur avait agi envers lui, il nous raconta qu'un jour de chasse, Napoléon, soit qu'il l'eût fait exprès ou non, le blessa d'un coup de fusil à l'œil et le lui creva. Il ne fit pas même semblant de l'apercevoir, et, après la chasse, il vint voir le maréchal et lui dit tout bas : *C'est le prince Guillaume de Prusse qui vous a crevé l'œil*, et chercha à lui persuader que le prince l'avait fait à dessein. Puis il s'informa avec une apparente sensibilité, s'il avait éprouvé une forte douleur. Masséna nous déclara qu'il avait répondu que ce malheureux coup n'avait pas été dirigé par le prince Guillaume.

Lorsque je visitai la flotte de Toulon, je trouvai une nouvelle preuve de la cruauté avec laquelle Napoléon traitait les Prussiens. Sur le vaisseau Amiral, deux matelots, misérablement vêtus, s'approchèrent de moi et me parlèrent en allemand. Ils me supplièrent, au nom de Dieu, de les tirer d'esclavage, eux et trois cents de leurs compatriotes qui étaient détenus dans le bagne. La plupart était du corps de Schill, et les autres avaient été faits prisonniers à Dantzick dans l'année 1807. On les avait, malgré le traité de paix, conduits d'Anvers à Toulon, attachés à la chaîne comme de vils galériens. Sur ma demande, les deux matelots qui s'étaient présentés d'abord à moi furent mis aussitôt en liberté; et, lorsque je fus arrivé à Paris, je fus assez heureux pour délivrer les autres prisonniers prussiens.

# NOTES.

(*a*) Dans la *Gazette de France* du 29 avril, Roustan a publié la lettre suivante :

« Monsieur,

» On répand, depuis quelque temps, les bruits les plus désavantageux sur ma personne ; on va jusqu'à dire que c'est après avoir reçu une somme considérable de Buonaparte, mon maître, que je suis parti de Fontainebleau.

» Je me dois à moi-même, de déclarer ici la vérité, et de me disculper d'une action qui ne serait pas d'un brave homme, ce dont je suis incapable. Depuis seize ans que je servais Napoléon, ma conduite a toujours été irréprochable, et devait seule prévenir toute accusation injurieuse.

» La vérité est qu'après m'être comporté en homme d'honneur à la journée d'Arcis-sur-Aube, et m'être battu en brave sous les yeux de mon maître, j'ai reçu de lui une gratification comme récompense de ma conduite; mais je déclare que, depuis le moment où il a été question de sa déchéance, je n'ai reçu de lui aucun bienfait, et je défie même qui que ce soit de prouver le contraire de ce que j'avance.

» Quant à tout ce que l'on pourrait dire sur ce que je ne l'ai pas suivi à l'île d'Elbe, je ne dois aucune explication à ce sujet. MM. les généraux comtes Bertrand et Drouot sont dépositaires des justes motifs qui m'ont retenu près de ma famille. »

ROUSTAN.

(b) Voici le discours qu'il adressa, au moment de son départ, aux troupes de la vieille garde qui étaient restées près de lui :

« Officiers, sous-officiers et soldats de la vieille garde, je vous fais mes adieux.

» Depuis vingt ans que je vous commande, je suis content de vous, et je vous ai toujours trouvés sur le chemin de la gloire.

» Les puissances alliées ont armé toute l'Europe contre moi : une partie de l'armée a trahi ses devoirs, et la France a cédé à des intérêts particuliers.

» Avec vous et les braves qui me sont restés fidèles, j'aurais pu entretenir la guerre civile pendant trois ans; mais la France eût été malheureuse : ce qui était contraire au but que je m'étais proposé. Je devais donc sacrifier mon intérêt personnel à son bonheur : ce que j'ai fait.

» Soyez fidèles au nouveau souverain que la France s'est choisi; n'abandonnez point cette chère patrie, trop long-temps malheureuse. Ne plaignez point mon sort; je serai toujours heureux quand je saurai que vous l'êtes. J'aurais pu mourir : rien ne m'était plus facile; mais non, je suivrai toujours le chemin de l'honneur; j'écrirai ce que nous avons fait.

» Je ne puis vous embrasser tous, mais je vais embrasser votre chef. Venez, général (il embrasse le général Petit); qu'on m'apporte l'aigle, et en l'embrassant il dit : Cher aigle, que ces baisers retentissent dans le cœur de tous les braves!

» Adieu, mes enfans ! adieu mes braves ! entourez-moi encore une fois. »

*Proclamation de S. Exc. le maréchal Augereau à son armée.*

Soldats !

(c) Le sénat, interprète de la volonté nationale, lassé du joug tyrannique de Napoléon Buonaparte, a prononcé, le 2 avril, sa déchéance et celle de sa famille.

Une nouvelle constitution monarchique, forte et libérale, et un descendant de nos anciens Rois, remplacent Buonaparte et son despotisme.

Vos grades, vos honneurs et vos distinctions vous sont assurés.

Le corps-législatif, les grands dignitaires, les maréchaux, les généraux et tous les corps de la grande armée, ont adhéré aux décrets du sénat, et Buonaparte lui-même a, par un acte daté de Fontainebleau, le 11 avril, abdiqué pour lui et ses héritiers, les trônes de France et d'Italie.

Soldats, vous êtes déliés de vos sermens; vous l'êtes par la nation en qui réside la souveraineté; vous l'êtes encore, s'il était nécessaire, par l'abdication même *d'un homme qui, après avoir immolé des millions de victimes à sa cruelle ambition, n'a pas su mourir en soldat.*

La nation appelle Louis XVIII sur le trône: né Français, il sera fier de votre gloire, et s'entourera avec orgueil de vos chefs; fils d'Henri IV, il en aura le cœur: il aimera le soldat et le peuple.

Jurons donc fidélité à Louis XVIII et à la constitution qui nous le présente; arborons la couleur vraiment française, qui fait disparaître tout emblème d'une révolution qui est fixée, et bientôt vous trouverez dans la reconnaissance et dans l'admiration de votre Roi et de votre patrie, une juste récompense de vos nobles travaux.

Au quartier-général de Valence, le 16 avril 1814.

Le maréchal AUGEREAU.

(*d*) *A Orgon.* Dans l'itinéraire de Buonaparte, qui a été publié en 1814, on cite une lettre particulière où il est dit : « On brûle en sa présence son effigie, on lui en présente d'autres qui ont le sein déchiré et qui sont teintes de sang. » D'après les observations faites à nous-mêmes par le comte Waldbourg-Truchsess, nous pouvons asssurer que ce fait est controuvé, ainsi qu'un très-grand nombre d'autres qu'il serait trop long de rapporter.

(*e*) Le nouveau pavillon de l'île, adopté par Napoléon, fut arboré, ce qui fut constaté par le procès-verbal suivant :

« Cejourd'hui 4 mai 1814, S. M. l'empereur Napoléon, ayant pris possession de l'île d'Elbe, le général Drouot, gouverneur de l'île au nom de l'Empereur, a fait arborer, sur les forts, le pavillon de l'île, fond blanc, traversé diagonalement d'une bande rouge semée de trois abeilles fond d'or. Ce pavillon a été salué par les batteries des forts de la côte, de la frégate anglaise l'*Undounted*, et des bâtimens de guerre français, qui se trouvaient dans le port. En foi de quoi, nous, commissaires des puissances alliées, avons signé le procès-verbal avec le général Drouot, gouverneur de l'île, et le général Dalesme, commandant supérieur de l'île.

» Fait à Porto-Ferrajo, le 4 mai 1814. »

Dans le même temps, le général Dalesme fit afficher la proclamation suivante :

« Habitans de l'île d'Elbe,

» Les vicissitudes humaines ont conduit au milieu de vous l'empereur Napoléon, et son choix vous le donne pour souverain. Avant d'entrer dans vos murs, votre auguste et nouveau monarque m'a adressé les paroles suivantes que je m'empresse de vous faire connaître, parce qu'elles sont le gage de votre bonheur à venir :

*Général! j'ai sacrifié mes droits aux intérêts de la patrie, et je me suis réservé la souveraineté et propriété de l'île d'Elbe, ce qui a été consenti par toutes les puissances. Veuil-*

*lez faire connaître ce nouvel état de choses aux habitans, et le choix que j'ai fait de leur île pour mon séjour, en considération de la douceur de leurs mœurs et de leur climat. Dites-leur qu'ils seront l'objet constant de mes plus vifs intérêts!*

» Elbois! ces paroles n'ont pas besoin d'être commentées; elles fixent votre destinée. L'empereur vous a bien jugés. Je vous dois cette justice, et je vous la rends.

» Habitans de l'île d'Elbe! je m'éloignerai bientôt de vous. Cet éloignement me sera pénible, parce que je vous aime sincèrement; mais l'idée de votre bonheur adoucit l'amertume de mon départ; et en quelque lieu que je puisse être, je me rapprocherai toujours de cette île par le souvenir des vertus de ses habitans, et par les vœux que je formerai pour eux.

» Porto-Ferrajo, 4 mai 1814.

» *Le général de brigade* DALESME. »

Deux jours après la date de cette pièce parut le mandement que donna le vicaire-général de l'île d'Elbe, Joseph-Philippe Arrighi, parent de Buonaparte.

## MANDEMENT.

« Joseph-Philippe ARRIGHI, chanoine honoraire de la cathédrale de Pise et de l'église métropolitaine de Florence, etc. (Sous l'évêque d'Ajaccio, vicaire-général de l'île d'Elbe et de la principauté de Piombino).

» A nos bien-aimés dans le Seigneur, nos frères composant le clergé, et à tous les fidèles de l'île, salut et bénédiction.

» La divine providence qui, dans sa bienveillance, dispose irrésistiblement de toutes choses, et assigne aux nations leurs destinées, a voulu qu'au milieu des changemens politiques de l'Europe, nous fussions à l'avenir les sujets de *Napoléon-le-Grand*.

» L'île d'Elbe, déjà célèbre par ses productions naturelles, va devenir désormais illustre dans l'histoire des nations, par l'hommage qu'elle rend à son nouveau prince dont la gloire est immortelle. L'île d'Elbe prend en effet un rang parmi les nations, et son étroit territoire est ennobli par le nom de son souverain.

» Élevée à un honneur aussi sublime, elle reçoit, dans son sein, l'*oint du Seigneur*, et les autres persones distinguées qui l'accompagnent.

» Lorsque S. M. I. et R. fit choix de cette île pour sa retraite, elle annonça à l'univers quelle était pour elle sa prédilection.

» Quelles richesses vont inonder notre pays! quelles multitudes accourront de tous côtés pour contempler *un héros!*

» Le premier jour qu'il mit le pied sur ce rivage, il proclama notre destinée et notre bonheur : *Je serai un bon père*, dit-il, *soyez mes enfans chéris!*

» Chers catholiques, quelles paroles de tendresse! quelles expressions de bienveillance! quel gage de notre *félicité future!* que ces paroles charment donc délicieusement vos pensées, et qu'imprimées fortement dans vos ames, elles y soient une source inépuisable de *consolations!*

» Que les pères les répètent à leurs enfans ; que le souvenir de ces paroles, qui assurent la gloire et la prospérité de l'île d'Elbe, se perpétue de génération en génération.

» Heureux habitans de Porto-Ferrajo, c'est dans ces murs qu'habitera la *personne sacrée* de S. M. I. et R. Renommés de tout temps par la douceur de votre caractère et par votre affection pour vos princes, Napoléon-le-Grand réside parmi vous; n'oubliez jamais l'idée favorable qu'il s'est formée de ses fidèles sujets.

» Et vous tous, fidèles en Jésus-Christ, conformez-vous à la destinée : *non sint schismata inter vos, pacem habete, et Deus pacis et dilectionis erit vobiscum !*

» Que la fidélité, la gratitude, la soumission, règnent dans vos cœurs ! Unissez-vous tous dans des sentimens respectueux d'amour pour votre prince, qui est plutôt votre bon père que votre souverain. Célébrez avec une joie sainte la bonté du Seigneur, qui de toute éternité vous a réservés à cet heureux événement.

» En conséquence, nous ordonnons que dimanche prochain, dans toutes les églises, il soit chanté un *Te Deum* solennel, en action de grâces au Tout-puissant, pour la faveur qu'il nous a accordée dans l'abondance de sa miséricorde.

» Donné au palais épiscopal de l'île d'Elbe, le 6 mai 1814. »

Le vicaire-général Arrighi;

Francesco Angioletti, *secrétaire.*

www.ingramcontent.com/pod-product-compliance
Ingram Content Group UK Ltd.
Pitfield, Milton Keynes, MK11 3LW, UK
UKHW020414230726
13925UKWH00004B/1430